グループ聖書研究のために

旧約聖書の聖徒たち2

M. クンツ／C. シェル 共著

JN120905

聖書を読む会

Lifestyles of Faith, Book 2:
Naaman, Jonah, Josiah, Daniel, Ezra, Nehemiah

目次 Contents

さあ始めましょう！
─手引の使い方─

　この手引は、小グループでディスカッションをしながら聖書を学んでいくための質問集です。聖書が何を言っているのかを自分自身で発見していく助けになります。自分で発見したことや自分の言葉で表現したことは、記憶に残り、生活に生かされていくことでしょう。

♣ 手引の特徴 ♣

　この手引には３つの種類の質問があります。

1. その聖書個所には何が書かれているか〔観察〕
2. そのことは何を意味しているか〔解釈〕
3. その聖書個所の教えをあなたの生活にどのように生かすのか〔適用〕

　観察の質問に対する答えは、単純なものですが、とても大切です。飛ばさずにしっかりと見ていきましょう。私たちは思いのほか書かれていることを見落としてしまうものです。

　聖書を学ぶ目的は、ただ聖書の教えを知るだけでなく、それを生活に適用することです。あなたの考え方や行動、人間関係、人生の方向性を変えていくように聖書を学んでいきましょう。

❀ 学びの進め方 ❀

1. 聖書は学ぶ価値があるという確信をもって学びましょう。

2. グループの中のひとりが司会者になります。司会者は、質問をする人であって、意見や答えを承認、または、否定して正すというような立場ではありません。また、基本的には指定されている聖書個所の意味を説明する必要もありません。

3. 司会者が質問をしますが、司会者とグループの対話ではなく、参加者の間を話が行き交う話し合い（ディスカッション）となるのがよいでしょう。

4. あなたの考えや意見を率直に分かち合いましょう。お互いを尊重して、礼儀正しく話し合いましょう。意見の相違について、すべてを解決しようとする必要はありません。

5. グループの全員が手引をもつことをお勧めします。

6. 各課は1時間〜1時間半で学べるようになっていますが、グループの必要に応じて時間配分をするとよいでしょう。予習をしておくと、スムーズに学びを進めることができ、理解も深まるでしょう。

7. 必ずしも全員が同じ訳の聖書を使う必要はありません。別の訳が理解を深めることもあります。
    ※この手引は聖書　新改訳2017（以下「新改訳」）に準拠していますが、聖書　聖書協会共同訳（以下「共同訳」）と大きく違う場合は[　]で記しています。

8. グループ全体で、脱線をしないよう意識しましょう。

9. 辞書や地図も学びの助けとなるでしょう。

10. 時間通りに始め、時間通りに終わりましょう。

11. グループの人数が増えて10名以上になったら、グループを2つに分ける
とよいでしょう。大きなグループでは、自由な発言がしづらくなります。

12. 司会は毎回交替するとよいでしょう。グループ全員が司会をする
と、自分たちのグループであるという意識が強くなります。

♣ あなたが司会者の時 ♣

1. 準備の時に、聖書に書いてあることがよく理解できるように、神の
助けを求めて祈りましょう。

2. 予習の時に、聖書個所を繰り返し読んでおきましょう。できれば
いくつかの訳を参照するとよいでしょう。また、簡単に答えられる
質問と時間がかかりそうな質問とを見分けておきましょう。

3. 始める時間を守りましょう。

4. 開会の祈りは、司会者自身がするか、あるいはあらかじめ他の人
に頼んでおきましょう。

5. 聖書の指定個所を誰かに読んでもらいましょう。段落ごとか内容のまとまりごとに読んでもらうのがよいでしょう。

6. 質問を読んでから、グループからの答えを待ちます。参加者は、質問を聞いて考える時間が必要です。少々の沈黙があっても問題ありません。様子をみて質問の文章を別の表現で言い換えます。司会者が自分で答えるのは避けましょう。また、学んでいるなかで、すでに答えが出た質問は飛ばしましょう。

7. グループの全員が発言するように励まします。必要ならば「他の方はどのように考えますか」「他に加えることはありませんか」などと質問してみましょう。

8. どのような答えが出ても温かく受け止めましょう。

9. 脱線し始めたら、グループ全体に働きかけて、話題を元に戻しましょう。

10. まとめの質問をして、時間通りに学びが終わるようにします。祈って終わりましょう。

11. 次の学びはどこでするか、誰が司会者になるかを決めておきましょう。

豊かな学びのための *3* つの提案

1. 学んでいる聖書の個所からそれないようにしましょう

他の聖書の個所を引用する時は、グループ全体で以前に
学んだところや手引にある参照個所にとどめましょう。

2. 脱線を避けましょう

学んでいる聖書の個所に関係のない話題が出てきた時は、
そのことに時間を割くのはやめましょう。

3. 権威は聖書にあります

聖書自体から答えを見い出しましょう。他の書物から引
用したりせず、なるべくその時学んでいる聖書の個所か
ら発見するようにしましょう。

はじめに

　本書は、「旧約聖書の聖徒たち1」の続編です。

　1課では、大国アラム（シリア）の王の軍の長ナアマンについて学びます。彼は、自分の病の癒やしを求めて、神の預言者エリシャのいる北王国イスラエルへ出かけて行きました。

　2課では、時代は次の世紀に入り、預言者ヨナがイスラエルの敵国アッシリアの主要都市ニネベに遣わされた様子を学びます。

　3-4課では、南王国ユダのヨシヤ王を取りあげます。その頃、北王国イスラエルは、すでにアッシリア帝国に滅ぼされていました。南王国ユダではヨシヤ王によって、歴代の王たちが行ってきた偶像礼拝が一掃され、主に立ち返る歩みが始まります。しかし、ヨシヤ王の死後間もなく、南王国ユダは台頭してきたバビロニアによって征服され、人々はバビロンの地に捕囚となって移されました。

　5-6課で学ぶダニエルは、その捕囚の民のひとりでした。

　7-8課はエズラ、9-10課ではネヘミヤを取りあげます。南王国ユダの生き残った民がバビロンから帰郷し、エルサレムの城壁を再建し、神の民として立て直されていく様子を学びます。

　この手引には、60-61ページに表があります。各課の最後には、学んだことをその表に書き込む時間を設けています。10課まで終わると、それぞれの信仰者について学んだことが整理されるようになっていますので、11課では、その表を見ながら学んだことをまとめていきましょう。

ナアマン ― アラムの王の軍の長［将軍］

列王記 第二［下］5章

ナアマンは、イスラエルのすぐ北に位置するアラムの王に仕える軍の長でした。彼は、不治の病に侵されていたため、北王国イスラエルの預言者エリシャ（エリヤの後継者）に助けを求めて出かけて行きました。

Ⅱ列王記 5:1 ― 7

1　a. ナアマンはどのような人ですか。1 節からわかることをあげましょう。

　　　編集者注）ツァラアト［規定の病］とは、レビ記で規定されていた皮膚病の一種です。

　　b. イスラエルの地から捕えられて来ていた若い娘は、ナアマンの病気を心配して、女主人にどのようなことを言っていますか。彼女は、なぜそのようなことが言えたのだと思いますか。

　　c. 捕虜であった少女がそのような提案が出来るのは、ナアマンとその妻の人柄や彼らの関係がどのようであったからだと想像できますか。

2　a. ナアマンは、サマリア（北王国イスラエルの首都）にいる預言者が、彼のツァラアトを治すことが出来るかもしれないと王に話しました。それを聞いたアラムの王は、この部下のためにどのように動いていますか。

　　b. なぜそうしたのですか。

11

c. アラムの王から、その家臣であるナアマンを託する旨の手紙を受け取ったイスラエルの王は、この事態をどのように捉えていますか。

3 a. ナアマンは、かつて軍隊を率いて襲撃し勝利を治めたイスラエルに、今度は自分の病気の癒やしを求めて向かうことになりました。彼はどのような気持ちで出かけて行ったと思いますか。

b. 不治の病が癒やされると聞いて、遠くまで出かけて行ったナアマンの気持ちや行動に、あなたは共感できますか。

Ⅱ列王記 5:8－19

4 a. アラムの王の手紙を受け取り、言いがかりをつけられたと感じたイスラエルの王は、エリシャにいさめられ、ナアマンをエリシャのもとに送ります。ナアマンがエリシャの家に行った時、どのようなやりとりがありましたか。

b. ナアマンは、エリシャがどのような対応をしてくれると期待していたのですか。

5 ナアマンは、なぜエリシャの指示に従いたくなかったのだと思いますか。

6 a. ナアマンの部下たちは、怒って帰ろうとしているナアマンをどのように説得しましたか（13節）。

b. 部下の説得を受けて、軍の長であるナアマンがエリシャのことばに従うには、どのような葛藤があったと思いますか。

7　a. ナアマンは、癒やされるとすぐに何をしましたか。

　　b. この経験から、ナアマンの神に対する考え方はどのように変わりましたか。

8　エリシャはナアマンからの贈り物を受け取りませんでした。それはなぜだと思いますか。

9　ナアマンは、まことの主だけを礼拝すると決心しました。しかし、彼が自分の国に戻った時には、どのような困難があると考えられましたか。

　　注）「主」(11、17、18節) は、新改訳では太字で表記されています。これは、イスラエルの神である「ヤハウェ」を表しています。ナアマンが、アラムの神ではなく、イスラエルの神を信じ告白したことがわかります。
　　リンモン［リモン］(18節) とは、訳すと「雷神」です。アラム地方で崇拝されていた嵐の神として知られています。

Ⅱ列王記 5:20−27

10　エリシャに仕える若者［の従者］ゲハジは欲に目がくらみ、ナアマンを追いかけて行き、うそをついて贈り物を受け取ろうとしました。ナアマンは、ゲハジの要望にどう答えましたか。

11　a. ゲハジの考え方と行動の何がいけないのだと思いますか。

　　b. ゲハジの行動は、ナアマンにどのような誤解を与えてしまうおそれがありましたか。

12　a. ナアマンから贈り物を受け取ったゲハジは、厳しい罰を受けました。ゲハジは、なぜそこまで厳しくさばかれなければならなかったのだと思いますか（次ページ 注 を参照）。

注）ナアマンに対してなされた主のみわざを利用して、利益を得ようとしたゲハジは、主人であるエリシャを裏切っただけでなく、主に対して罪を犯したのです。主の預言者に仕える者であったゲハジが主のさばきを受けたことは、異邦人のナアマンが癒やされて主を知るようになったことと対照的なことでした。

b. あなたは、誘惑に負けてしまったゲハジの気持ちがわかりますか。

13 ナアマンが自分の国アラムに戻った時、宮中の人々や彼の家族はどのような反応をすると思いますか。また、この大きな出来事は何がきっかけで始まりましたか。思い出してみましょう。

♣ まとめましょう ♣

1 a. ナアマンはどういう人だと思いますか。たどってきた出来事から想像してみましょう。

b. ナアマンの病が癒やされた一連の出来事を通して、あなたが教えられたことを分かち合いましょう。

2 ナアマンは、まことの神がどのようなお方であると理解しましたか。

3 捕虜として連れて来られていた少女の信仰と主人を気遣う姿勢から、どのようなことを教えられますか。

4 ナアマンについて学んだことを、60−61ページにある表に書きとめましょう。

・むすび・

　ナアマンは、人格者でアラムの国の優れた指導者でした。全てを兼ね備えたかのように見えるこの人にも、大きな悩みがありました。それは、ツァラアト［規定の病］という病に侵されていたことです。彼は、敵国から捕虜として連れて来ていた少女から神の預言者のことを聞き、彼女のことばに癒やしの希望をつなぎます。イスラエルの預言者エリシャに会いに行ったナアマンは、内的な葛藤の末に、預言者のことばを信じて従い、命を得ることが出来たのです。ナアマンは、他の神々を離れ、イスラエルの神のみを拝して生きることを誓いました。

・祈　り・

　主よ、
　あなたを信じる少女のことばによって、
　アラムの国の指導者に救いがもたらされました。
　小さなものを主のみわざのために用いてくださることを覚えて
　賛美します。
　ナアマンが自分の思いにとらわれずに、
　主のことばに従うことを教えられたように、
　私たちにもあなたに聞き従うへりくだった心を与えてください。
　また、自分の利益のために主を利用したゲハジは退けられました。
　あなたによってなされたことを自分の功績とすることがないように、
　私たちを助けてください。

　イエス・キリストの御名によって祈ります。アーメン。

2課 ヨナ―敵国に遣わされた預言者

ヨナ書 1－4章

　　預言者ヨナが活躍したのは、ヤロブアム2世が北王国イスラエルを治めた時代（前793－753年、Ⅱ列王記14章23－29節）です。当時のイスラエルは、主に従わず背信の罪を重ねていたようです。一方その頃、アッシリア帝国は強大な国で、イスラエルは常にその脅威にさらされていました。主は、イスラエルにとって敵国である、この国の大きな町ニネベに神のことばを伝えるためにヨナを遣わしました。

ヨナ書 1:1－17 [1:1－2:1]

1　a. ヨナは何をするよう主に命じられましたか。

　　b. 彼は、その主の命令にどう応えましたか。

　　注）タルシシュの位置については諸説ありますが、おそらく地中海の西端の町とされています。ニネベはイスラエルの北東にあったので、ヨナはニネベとは正反対の方向に逃げて行ったことがわかります。

2　ヨナの不従順を表すのにどのようなことばが使われていますか（3、10節）。そのことから不従順とはどういうものだとわかりますか。

3　ヨナが主に対して不従順であったために、彼が乗っていた船はどうなりましたか。

4　a. 今にも難破しそうな船の上で、水夫たちは何を恐れ、どのような行動をとっていますか。

　　b. ヨナは何をしていましたか。なぜ、水夫たちと違う反応をしているのでしょう。

5　水夫たちがさらされている危険の原因がヨナであるということは、どのようにしてわかりましたか。

6　a. ヨナが海に投げ込まれると、海はどうなりましたか。

　　b. ヨナはどのようにして助けられましたか。

編集者注）14－16節で出てくる「主」は、新改訳では太字で表記されています。これは、イスラエルの神である「ヤハウェ」を表しています。水夫たち［船乗りたち］は、それぞれが信じている民族神に助けを求めていましたが（5節）、ヨナに出会って創造主である主を知りました。一連の出来事を通して、彼らはイスラエルの神を恐れる者に変えられたのです（16節）。

ヨナ書 2章

7　ヨナは魚の腹の中で、それまでの苦しい経験をどのように述べていますか。

8　ヨナは、かつて「主の御顔を避けて」タルシシュへ逃れました（1章3節）。しかし今、彼はどのような思いで祈っていますか。

9　主は命令に従わず御前から逃げ出したヨナを、行くままにされました。その結果、ヨナは死を覚悟するほどの経験をしますが、主によって助けられました。ここからあなたはどのようなことを教えられますか。

10　a. ヨナは、最後にどのようなことを決意していますか（9［10］節）。

　　b. 主は、ヨナに何をしてくださいましたか（10［11］節）。

11 魚の腹の中から助け出されたヨナは、再び主の命令を受けました。ヨナはどのように応えていますか。

12 a. ヨナはニネベの人々に何を伝えましたか。

b. それを聞いて，ニネベの人々はどのような反応をしましたか。

注）ここで「大きな町ニネベ」と記されているのは、ニネベの町の周辺にある他の都市も含めた地域のことを指しているようです。

13 あなたも、神のことばに無関心な人々のところに、神のメッセージを伝えるために遣わされるとしたら、どのような葛藤があり、どのように神に応答すると思いますか。

ヨナ書 4章

14 ニネベの人々は、ヨナの伝えた警告に応答して直ちに悔い改めました。神はそれをご覧になって宣告した災いを下すことをやめました（3章）。
a. それを知ったヨナは、どのように主に訴えていますか。

b. ヨナは、神がニネベの町になされたことを見て、祈り［訴え］の中で神はどういうお方だと言っていますか（4章2節）。

15 ヨナは、それでもニネベに神のさばきが下るだろうと期待していたのか、町の外で様子をうかがっていました。この時、主はご自身の思いを教えるために、一本の唐胡麻を備えてヨナを暑さから守り、また虫に命じて、その唐胡麻を枯れさせました。
a. ヨナは、再び「生きているより死んだほうがましだ」と言って怒ります。唐胡麻のことでヨナはなぜここまで怒っているのだと思いますか。

b. ヨナは何を惜しんでいますか。

c. ヨナは神が命じたことを行い、預言者としての役割は果たしました。しかし、彼は、ニネベの町や唐胡麻のことで怒っています。そのようなヨナに主が何を教えたかったのか、10−11節の主のことばを読んで考えましょう。

16　神の主権と祝福の及ぶ範囲は、ヨナの理解を超えるものでした。あなたは、神の主権と祝福が及ぶ範囲を小さく考えていないか見直してみましょう。

♣ まとめましょう ♣

1　a. 主はヨナを通して何をしましたか。

　　b. ヨナ自身のためには，何をしてくださいましたか。

2　この課を通してあなたが学んだことを分かち合いましょう。

3　ヨナについて学んだことを60−61ページにある表に書きとめましょう。

・むすび・

ヨナは、イスラエルの敵国であったアッシリア帝国の首都ニネベに、神のことばを伝えるために遣わされた預言者でした。彼は、イスラエルの背信の罪の現実を見ながら、預言者としての葛藤の中、主の御顔を避けていきますが、主はヨナを捉えて離しませんでした。大魚から植物、小さな虫までも支配し用いて、ヨナの理解を超えた、主の主権と憐れみの広さを、忍耐をもって教えられました。神は、ご自身の前に罪を重ねている者やそこに住む家畜さえも目に留めて惜しまれるお方なのです。

・祈 り・

主よ、
ヨナの経験を通して、あなたの愛と憐れみの広さと深さを
私たちに教えてくださり感謝します。
あなたの「惜しむ」思いが、
今もこの世界に注がれていることを覚えます。
私たちもあなたの憐れみを受けた者として、
あなたと同じ心で世界を見つめ、
あなたの憐れみと祝福を伝えるしもべとしてください。

イエス・キリストの御名によって祈ります。アーメン。

ヨシヤ──若き改革者 Ⅰ

歴代誌 第二 [下] 33:21−34:33

　　ヨシヤは紀元前641−609年にかけて、南王国ユダを治めた16代目の王です。ヨシヤの曽祖父のヒゼキヤが王であった時代に、北王国イスラエルは東方の大帝国アッシリアに侵略され、民は捕囚となり北王国は滅亡しました。

　　南王国ユダもアッシリアに従属する関係にありましたが、自治権は保っていました。ヨシヤ王の治世の間にアッシリアの力は衰え、ユダ王国への影響力が弱くなったため、ヨシヤ王は国内の改革を進めることが出来ました。ヨシヤ王が死ぬ頃には、台頭してきたバビロニアによって首都ニネベは陥落しアッシリア帝国は滅びます。

　　ヨシヤの死後25年も経たないうちに、南王国ユダもバビロニアによって滅ぼされ、民はバビロニア帝国へ捕囚として移されることになります。

Ⅱ 歴代誌 33:21−25

1　a. 8歳のヨシヤは、どのような状況のもとで南王国ユダの王になりましたか。

　　b. その時の出来事は、少年王ヨシヤにどのような影響を与えたと思いますか。

　注) ヨシヤ王の祖父マナセは、55年間南王国ユダを治めました。マナセは偶像や天の万象（星）を拝むために祭壇を築き、民に偶像礼拝をさせ、主の目に悪とされることを行わせました。しかし、治世の後半には悔い改めて偶像を取り除き、人々の心を主に向けるよう働きかけました。その後、ヨシヤの父アモンが王位を継ぐと、アモンは偶像礼拝と罪悪を重ね、短い在位で家臣の謀反によって殺されました。

Ⅱ 歴代誌 34:1-8

2 8歳で王となり、31年間王位にあったヨシヤでしたが、彼は王としてどのように国と民を治めましたか。

3 ヨシヤの治世の第8年、第12年、第18年に行われたことは、どのように進展していますか（3-8節）。

● 第8年

● 第12年

● 第18年

注）アッシリアの最後の大王アッシュール・バーン・アプリが死んで数年後、ヨシヤは16歳で改革を始めました。大王の死によってアッシリアは自国の内政事情に目が離せなくなったのでしょう。そのことが、ヨシヤ王にとっては改革をしやすくしたのかもしれません。

4 あなたの信仰生活を振り返ってみましょう。どのように進展してきたと思いますか。

Ⅱ 歴代誌 34:8-21

5 a. 主の宮［神殿］は、ユダの歴代の王たちが管理を怠ったために、大がかりな修理が必要となっていました。ヨシヤは、その修理の責任を誰にまかせましたか。

b. 修理の費用はどのようにしてまかないましたか。

6 主の宮の修理は、どのような人たちによって進められましたか（10－13節）。

7 a. 主の宮では何が見つかりましたか（14節）。

b. その書物が朗読された時、王はどのように応答しましたか（19節）。それは何を表す行為でしたか（27節）。

> **Ⅱ 歴代誌 34:22-33**

8 ヨシヤ王の使いは主のみこころを求めて女預言者フルダのもとへ行きました。この預言者は、主からのメッセージとしてどのようなことを伝えましたか。

9 神はご自分の決断の理由を、どのように述べていますか（24－25節）。

10 a. ヨシヤ王についての預言は何ですか。

b. 神の前にへりくだることは、なぜそれほど大切なことなのですか。

c. あなたは、神のことばをどのような姿勢で読んでいますか。

11 a. ヨシヤ王は、女預言者によって告げられた主のメッセージを聞いて（23－28節）、どのような行動をとりましたか。

b. それはなぜだと思いますか。

12 a. 民と共に主の宮に上ったヨシヤ王が主に誓った契約とはどのようなものですか。

b. 民は、どうしましたか。

13 ヨシヤ王の改革はどのくらい続きましたか。

14 33節を見ると、王の信仰がイスラエルの民に大きな影響を及ぼしていることがわかります。ここから、指導者と民との関係について、また安定した信仰生活について教えられることを分かち合いましょう。

♣ **まとめましょう** ♣

60－61ページの表に、ヨシヤについて学んだことを書きとめましょう。

・祈　り・

主よ、
ヨシヤ王がまごころからあなたに応答し、
神に従うよう民を導いていったことを学びました。
私たちも、ヨシヤ王のようにへりくだってあなたのみことばを聞き、
応答するものとしてください。
ヨシヤの時代と同じように、私たちも罪がもたらす腐敗の中に
生きています。
どうか、私たちが悪の力に足をすくわれてしまわないように
助けてください。
私たちの生き方が変えられることによって、
地域や社会が主に喜ばれる姿に変えられていきますように。

イエス・キリストの御名によって祈ります。アーメン。

4課

ヨシヤ―若き改革者 II

歴代誌 第二［下］35章

＊前回学んだことを簡単に復習しましょう。

II 歴代誌 35:1−19

1 35章は、ヨシヤ王の指導のもと、過越の祭り［過越祭］が行われた様子が描かれています。過越とは何を覚える祭りですか（出エジプト記12章21−27節、申命記16章1−3節）。

2 a. ヨシヤ王は、長年行われていなかった過越の祭りを祝うために、どのような姿勢で臨んでいますか。高官たち、神の宮のつかさたち［神殿の責任者］、レビ人の長たちはどうですか。

b. ヨシヤ王の姿勢から教えられることを分かち合いましょう。

3 ヨシヤ王は、過越の祭りに関して、とても慎重に、かつ入念に準備をしたことがわかります。どうしてそれほどまでに気を配ったのだと思いますか。

4 a. この過越の祭りは、どのような点で特別でしたか（18節）。

b. 忘れられていた過越の祭りを再び行うことは、当時のユダの人々にとってどのような意味があったと思いますか。34章30−33節も参照しながら考えましょう。

5 この時、ヨシヤ王は何歳でしたか（19節、34章1節）。

II 歴代誌 35:20 −27

編集者注) 当時、アッシリアの同盟国であったエジプトは、バビロニアと戦うアッシリアを助けるためにカルケミシュに向かっていました（20節）。南王国ユダは、アッシリアに従属する関係にありましたが、この頃はアッシリアの力は衰えていました。ヨシヤ王は、エジプトが勢いを取り戻すことを恐れ、メギドの平野でエジプト軍を撃つために出陣したのです。

6　a. ヨシヤ王は、どのようして最期をむかえましたか。

　　b. なぜ、ヨシヤ王はここで命を落とすことになったのだと思いますか。

7　大改革を進めたヨシヤ王でしたが、彼は、40歳前後であっけなく亡くなりました。彼の最期の様子から、あなたはどのような印象を受けますか。

8　a. ヨシヤ王はどのような栄誉を受けましたか。

　　b. ヨシヤ王は民にとってどのような王だったと思いますか。

♣ 3課と4課をまとめましょう ♣

1　ヨシヤ王がした改革をもう一度思い出してみましょう。

2　a. ヨシヤ王の信仰者としての生き方は、民にどのような影響を与えていたと思いますか。

　　b. あなたの生き方は、周囲の人々にどのような影響を与えていると思いますか。

3　ヨシヤ王は複雑な家庭環境と状況のなかで、若くして王になり、立派な指導者へと成長しました。ヨシヤ王の歩みのなかに、神はどのように働いておられたと思いますか。

4　そのことは、あなたにとってどのような励ましとなりますか。

5　60－61ページにある表に、ヨシヤ王について学んだことを書きとめましょう。

・むすび・

　ヨシヤ王は、祖父や父とは違って、主の目にかなう王として名を残しました。彼は、主のみこころを求め、その道からそれることなく歩み、生涯をかけて南王国ユダに改革ときよさをもたらしました。ヨシヤ王による改革が徹底されていたのは、王自身の真摯な悔い改めと主を求める誠実な姿勢があったからです。

　しかし、ヨシヤ王の死後立てられた王たちは偶像礼拝と神への背きに戻り、主の預言の通り、南王国ユダもバビロン捕囚という神のさばきを受けることになるのです。

・祈 り・

主よ、
ヨシヤは若くして王になりましたが、
あなたに従いつつ王としての務めを果たしてきました。
彼の真摯な姿は、民の心を動かし、
信仰の回復の時となりました。
私たちも、ヨシヤのようにあなたに従う歩みをさせてください。
その歩みを通して、
周囲の人々にあなたの祝福が広がっていきますように。

イエス・キリストの御名によって祈ります。アーメン。

ダニエル―祈りの人 I

ダニエル書 1章、6章

　　ヨシヤ王の息子エホヤキム［ヨヤキム］は、エジプトの王ネコの計らいによって南王国ユダの王となり、紀元前609年から598年まで国を治めました。エホヤキム王は、父ヨシヤの示した良い模範にならわず、主の目に悪とされることを行いました。

　　バビロニア帝国の王ネブカドネツァルは、西方に遠征し、紀元前605年にカルケミシュでエジプト王ネコを打ちました。その後、さらにエルサレムを攻撃して、ユダの民から選んだ者たちを捕虜としてバビロンに連れて行きました。ダニエルは、その中のひとりでした。それから20年ほどのうちに、エルサレムの主の宮［神殿］は略奪され、焼き尽くされて、貧しい者たちの一部を残してユダのほとんどの人々が捕囚としてバビロンに連れて行かれました。こうして、南王国ユダの長い捕囚の時代が始まったのです（II歴代誌 36章1-21節）。

ダニエル書 1章

1　バビロニアの王が宦官の長［侍従長］アシュペナズに命じて連れて来させたイスラエル人は、どのような基準で選抜されましたか。選ばれた少年たちはどのような人たちでしたか。

2　バビロニアの王がその少年たちを特別に養育した目的は何ですか。

3　a. バビロンという異国の地で神の民として生きていくダニエルたちには、どのような葛藤や誘惑があったと思いますか。ダニエルが宦官の長に頼んでいることなどからも想像してみましょう（8節）。

　　注）王の食物は、異教の神に献げられていた、あるいは、律法の食物規定に反する、と考えられていたと思われます。

　　b. 今日、神に従おうとする人が、異なる宗教や無神論の社会で生き
　　　ていく時には、どのような葛藤や誘惑がありますか。

4　ダニエルは、自分たちの食べる物についてどのような提案をしまし
　たか。その結果どうなりましたか。

5　a. 4人の少年たちは、神からどのような賜物を与えられていました
　　　か（17節）。

　　b. ダニエルにはそれに加えて、どのような能力がありましたか。

6　a. 3年の養育期間が過ぎ、4人の少年たちは王の前に連れて行かれ
　　　ました。王の面談を受けた結果、彼らはどうなりましたか。

　　b. それはなぜですか。

7　ダニエルたちのように、私たちも、自分の意に反して社会の慣習に
　従うよう圧力を受けることがあります。そのような時に、あなたは
　何を基準として自分の行動を決断していますか。

ダニエル書 6章

　ベルシャツァルがバビロニア帝国を治めていた時代に、首都バビロ
ンはメディアとペルシアに攻められて陥落し、メディア人ダレイオ
スがその王国を受け継ぎました（5章31節 [6章1節]）。
ダニエルはこの時、80歳を超えていました。

8　a. ダニエルはどのような立場で王に仕えていましたか（1－3節 [2－
　　　4節]）。

b. 王はなぜユダヤ人であるダニエルに全国を治めさせようと思った
のですか。

9 ダニエルは、あらゆる面で非の打ちどころのない人でした。そのよ
うな彼をねたんでいた大臣や太守［総督］たちは、ダニエルを訴え
る口実を見つけることが出来ず、策略をめぐらしました。どのよう
な方法でダニエルを落としいれようとしましたか。

10 a. 王の禁令を知ったダニエルは、どうしましたか（10［11］節）。

b. そのことから、あなたは何を教えられますか。

11 ダニエルは、全ての状況を理解したうえで、いつものように神に祈
り感謝しています。このような状況でも感謝することが出来たのは、
なぜだと思いますか。

12 ダニエルが告発されたことを知った時、王はなぜ彼を助けようとし
たのだと思いますか。

13 ダニエルが獅子の穴に投げ込まれた夜、王はどのような気持ちで一
夜を明かしたと思いますか。

14 王の呼びかけに、ダニエルはどのように答えていますか。彼は、絶体
絶命の危機をどのように、またなぜ脱することが出来たのでしょう。

15 a. ダレイオス王は、一連の出来事を通して、自分自身について、ま
た神についてどのようなことを学んだと思いますか。

b. この出来事は、王国全体にどのような影響を及ぼしましたか。

16 a. 信仰者が受ける試練には、どのような意味があると思いますか。

　　b. 試練のただ中にある時にも、どのようにしたらダニエルのように
　　　神を見失わずにいることが出来るでしょうか。

注) 順風満帆な人生こそが、神からの祝福の証しなのだと考える人もいるでしょう。
　　しかし、神は私たちの人生に、試練や苦難、死でさえも起こることを許され、
　　それを用いてご自分の栄光を現わされます。ダニエルが獅子の穴に投げ込まれ
　　るに至った迫害がなければ、あのように衝撃的なかたちで生けるまことの神が
　　証しされることはなかったでしょう。また、「ダニエルの仕える神こそが、まこ
　　との神であり、この方を恐れかしこめ」というダレイオス王の命令が、国中に
　　下されることもなかったでしょう。

♣ まとめましょう ♣

60−61ページの表に、ダニエルについて学んだことを書きとめま
しょう。

・祈り・

生けるまことの神様、
異教の地にあっても、あなたに忠実に従った
ダニエルの生き方に心を打たれます。
私たちも、信仰者として社会や家庭で誠実に生き、
周囲の人からも信頼される者としてください。
不条理な事柄の背後にも、あなたが働いておられることを信じ、
いつものように、感謝と祈りを献げ、
信仰に立ち続けることができるように助けてください。

イエス・キリストの御名によって祈ります。アーメン。

6課

ダニエル―祈りの人 Ⅱ

ダニエル書 9:1-23

南王国ユダがバビロニアの支配のもとにおかれて、およそ70年が経とうとしていました。ダニエルはユダの捕囚の期間が70年であることを、預言者エレミヤのことばによって悟りました。エレミヤ書24章7節で、エレミヤは主の民がバビロンに捕囚の民として連れて来られた目的を語っています。それは、捕囚というつらい経験を通して、主こそが彼らの神であることを知り、心から主に立ち返るためでした。

＊前回は、ダニエルについてどのようなことを学びましたか。

ダニエル書 9:1-23

1 4-19節には、ダニエルの祈りが書かれています。彼はなぜそのように祈ったのですか。

2 a. ダニエルは祈る時に、どのような行動をとりましたか（3節）。それは何を表していますか。

　b. 前課で学んだように、ダニエルはあらゆる面で非の打ちどころのない人でした。そのような彼が、ここではどのような思いを込めて祈っていますか。

3 a. 祈りの中で、ダニエルは神をどのように呼んでいますか。全部あげましょう。

　b. ダニエルは、神のどのようなご性質を強調していますか。

4 ダニエルはイスラエルの民のひとりとして祈る中で、神の義と真実に対して自分たちはどのようであったと告白していますか。

5 ダニエルは主に従わなかった民の姿を、繰り返しどのようなことばで表現していますか（7－8節）。

6 主のわざわいが下ってもなお、民はどのようであったとダニエルは告白していますか（13節）。

7 ダニエルは神に何を求めているのですか（16－19節）。

8 a. 罪の告白の後、ダニエルの祈りは主への懇願に変わっていきます。ダニエルは、主なる神のどのようなご性質にすがって祈り求めていますか。

　 b. あなたの祈りを振り返ってみましょう。ダニエルのように祈ることがありますか。

9 a. ダニエルが祈っていると、どのようなことが起きましたか。

　 b. なぜですか（20－23節）。

♣ 5課と6課をまとめましょう ♣

1 a. 少年時代、また80歳を超えてからのダニエルの歩みを見てきました。彼はどのような人でしたか。

    b. ダニエルの一貫した生き方は、周囲にどのような影響を与えていましたか。

2 a. ダニエルは神をどのようなお方として信じていましたか。

    b. 神はダニエルをどのように見ていましたか。

3 ダニエルの信仰者としてのあり方を学んできました。以下の点で、あなたが教えられたことを分かち合いましょう。

    a. 聖書を読むこと
    b. 祈り
    c. 勉強や仕事
    d. 対人関係

4 60−61ページの表にダニエルについて学んだことを書きとめましょう。

・むすび・

　ダニエルはユダ族出身の貴族で、バビロンへ連れて行かれた時、まだ少年でした。しかし、その時すでに、神に忠実に生きることの何であるかを学びとっていました。また、ダニエルは若い頃の情熱と純粋さを生涯通して持ち続けた人でもありました。だからこそ、祈ることそれ自体が命を脅かすような状況の時でも、静かに、いつものように神に祈ることが出来たのでしょう。

　ダニエルが「神に愛されている人」[愛される者]と呼ばれているのも不思議ではありません。ダニエルは生ける神を敬わない社会の中でも、妥協をすることなく、冷静に、しかし力強くその生き方を貫きました。

・祈り・

主よ、
あなたの語りかけに応えることが出来ず、
思いと行いにおいて罪を犯してしまう私たちを赦してください。
私たちを憐れんで神の民としてふさわしく整えてください。
あなたは、憐れみゆえに愛の契約を守ってくださることを感謝します。
あなたに愛されたダニエルのように、
あなたの栄光が現わされることを求め、
心からあなたに仕える者としてください。

イエス・キリストの御名によって祈ります。アーメン。

エズラ・ネヘミヤ記の背景

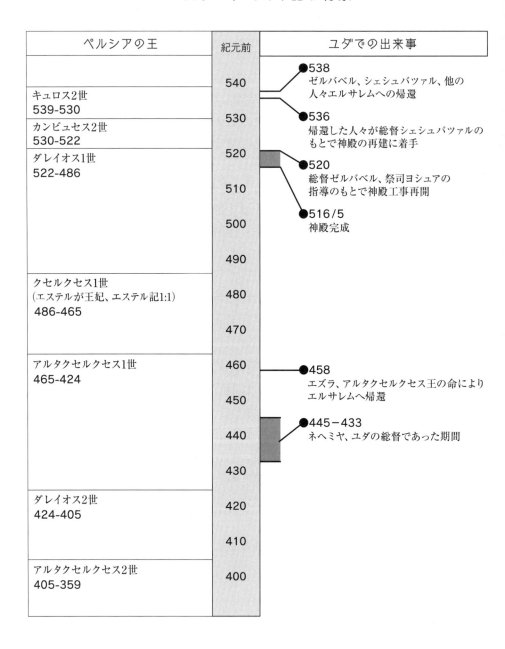

ペルシアの王	紀元前	ユダでの出来事
		●538 ゼルバベル、シェシュバツァル、他の 人々エルサレムへの帰還
	540	
キュロス2世 539-530		
	530	●536 帰還した人々が総督シェシュバツァルの もとで神殿の再建に着手
カンビュセス2世 530-522		
ダレイオス1世 522-486	520	●520 総督ゼルバベル、祭司ヨシュアの 指導のもとで神殿工事再開
	510	
	500	●516/5 神殿完成
	490	
クセルクセス1世 （エステルが王妃、エステル記1:1） 486-465	480	
	470	
アルタクセルクセス1世 465-424	460	●458 エズラ、アルタクセルクセス王の命により エルサレムへ帰還
	450	
	440	●445-433 ネヘミヤ、ユダの総督であった期間
	430	
ダレイオス2世 424-405	420	
	410	
アルタクセルクセス2世 405-359	400	

7課

エズラ ─ 律法に生きる学者 Ⅰ

エズラ記 7章、8:1、15-36

　南王国ユダがバビロニア帝国に攻略され、民が捕囚として連れて行かれたのは、バビロニア帝国の王ネブカドネツァルの時代でした。その後、ネブカドネツァル王の孫のベルシャツァルの時代に、帝国の首都バビロンはメディアとペルシアに攻められて陥落し（前539年）、大帝国バビロニアは終焉をむかえました。

　ペルシア帝国は次第に勢力を拡大し、北アフリカのキュレネとエジプトのナイルから、地中海を挟んで北はダーダネルス海峡、東はインドの国境に至るまでを支配するようになりました。キュロス王は、捕囚となっていた諸民族に帰国を許しました。ユダの人々もエルサレムへの帰還が許され、多くの人が南王国ユダの最後の王エホヤキン［ヨヤキン］の孫である、ゼルバベル長官の指揮のもとで祖国に帰っていったのです。捕囚となってからおよそ70年の時が経っていました。

　エズラがエルサレムに帰還したのは、それからおよそ80年後の紀元前458年、アルタクセルクセス1世の時代だったと思われます。エズラの帰還の年代に関しては諸説ありますが、ここでは聖書の記述からネヘミヤの帰還（前445年）より前であったと考えます。

編集者注）ペルシアの王キュロスの命令によって帰還したユダの民は、エルサレムで神殿再建に着手しました（エズラ記1章1-4節）。途中で妨害があり工事が中断した時期もありましたが、神殿建設は無事に完了しました。それから数十年後に、エズラはエルサレムに帰還しましたが、彼の使命は、捕囚生活から戻ってきた民に、律法を通して神の民としての生き方を教えることでした。

エズラ記 7:1-10

1 エズラはどのような人ですか（6、10、11節）。

> 注）エズラの系図を見ると、彼はモーセの兄弟で初代祭司のアロンの家系出身であることがわかります。また、エズラは「学者」[書記官]と紹介されて、ペルシア帝国において大臣のような立場を与えられていました。彼は、ペルシア帝国の官職としての書記官というだけでなく、ユダヤ人の間では律法学者でもあったため、律法の筆写、また解釈・適用を行う権威のある立場にいました。

2 エズラが携わっていた働きが、捕囚となっていた民にとって特に大切であったのはなぜだと思いますか。

3 a. エズラの帰還の旅はどのようなものであったと語られていますか（6、9節）。

　 b. それは、具体的にはどういうことだと思いますか。

4 a. エズラは、どのような3つのことを心に定め［専念し］て歩んでいましたか（10節）。

　 ①

　 ②

　 ③

　 b. 3つのことが、互いにどのように関わり合っているか話し合いましょう。

40

エズラ記 7:11−26

5 12節の呼びかけから、アルタクセルクセス王は、エズラをどのように認めていたとわかりますか。

6 王は、具体的に何をするようエズラに命令していますか（14−20、25−26節）。

7 a. 神の宮［神殿］での礼拝のために、どのようなものが提供されましたか。

   b. エルサレムの宮に仕える者たちは、どのようなことが免除されましたか（24節）。

8 a. 王は、エズラにふたつの仕事を命じました（25節）。その仕事をするのに、なぜエズラがふさわしいのですか。

   b. 人々に律法を守らせるために、エズラにはどのような権限が与えられましたか。

   注）イスラエルの民は、ペルシア王の寛大な政策のおかげで帰還を果たしましたが、それは、ペルシアからの独立を意味したわけではありませんでした。ユーフラテス川の西方［アバル・ナハラ州］はペルシア帝国の一部でした。

エズラ記 7:27−28

9 王の手紙をエズラはどのように受け止めていますか（27−28節）。

10 神は時として、神観や価値観の違う人々さえも動かして、神の民の必要を満たされます。エズラはこの時、まさにそのようなことを経験したといえるでしょう。あなたにも、似たような経験がありますか。

11 これからの旅とエルサレムでの任務のために、エズラは具体的にどのような準備をさせていますか。

12 エズラとともにエルサレムに出発した一行の中には、レビ人がいませんでした（15節）。そこでエズラは、レビ人の参加を求めて人を遣わしたところ、祭司のもとで仕える200人以上の人々が集まりました。なぜエズラはレビ人の参加を求めたのだと思いますか。レビ人の務めについて、Ⅰ歴代誌［上］23章27−32節を読んで考えましょう。

13 a. エズラは危険な旅にあたって、なぜ王に保護を求めなかったのですか。

   b. その代わりにエズラは何を呼びかけましたか。

   注）ユーフラテス川から、エルサレムまでは、およそ1400キロの道のりで、情勢も不安定な中、旅には約4カ月かかりました（7章9節）。しかも、一行は、重く高価な金銀、祭具などを運んでいましたから、盗賊に襲われる危険もあったのです。

14 エズラは王の兵力に頼らず、神にのみ頼って旅に出ました。あなたは、何を頼りにして歩んでいますか。

15 エズラが主への奉納物［献納物］として預かった金銀、祭具はとても高価なものでした。彼はこれらを間違いなく運搬するために、どのように管理しましたか。

16 エズラは、奉納物をエルサレムに運搬するための責任者を任命し、その職務を宣言しました（28−29節）。4か月の旅を終えてエルサレムに到着した一行は、何をしましたか（31−36節）。

17 あなたにも任されている役割や仕事がありますか。その責任を忠実に果たしているか考えてみましょう。

18 これまでの学びを振り返ってみましょう。エズラのリーダーシップはどのように発揮されていましたか。

♣ **まとめましょう** ♣

60−61ページにある表に、エズラについて学んだことを書きとめましょう。

・ 祈 り ・

地を治めておられる主よ、
エズラがみことばを愛し、これを学び、これに従い、教えたように
私たちにも、みことばを慕い求める心をお与えください。
私たちの心と体を脅かす、あらゆる危険と攻撃からお守りください。
あなたから委ねられた、果たすべき使命と責任を、
エズラのように、賢く忠実にまっとうするしもべとしてください。
私たちの生き方を通して、あなたの御名があがめられますように。

イエス・キリストの御名によって祈ります。アーメン。

エズラ ─ 律法に生きる学者 Ⅱ

エズラ記 9章、10章

＊前回は、エズラについてどのようなことを学びましたか。

エズラ記 9:1−4

1 エズラに知らされた問題は何ですか。

2 a. 報告を聞いて、エズラはどのような行動をとっていますか。それは、何を表していると思いますか。

b. エズラは、なぜこれほどまでに動揺しているのでしょうか。

エズラ記 9:5−15

3 夕方のささげ物［夕べの供え物］をするために宮に来た人々は、その日、そこで何を見、何を聞くことになりましたか。

4 エズラは、どのように祈り始めましたか（6節）。

5 エズラは、民の過去を思い起こし（7節）、それと対比しながらも、今をどのように見ていますか（8節）。

注）「杭」［よりどころ］（8節）は、天幕の「杭」と考えられます。杭がしっかりと打ちこまれていれば天幕が安定するように、先に帰還した人々が神殿を再建し、神への礼拝を回復することによって、その後のイスラエル全体の復興の確かなよりどころ（杭）となるべきだったという意味でしょう。

6 恵み深い神は、捕囚の民を帰還させ、神殿を再建することを許し、
ユダとエルサレムにおいて彼らを守ってくださいました。しかし、
民はその神の恵みに応える歩みをせず、他の民族との婚姻関係を結
び、神の命令に背きました。神はなぜ、他の民族との結婚を禁じて
いるのですか（11−12節）。

編集者注）「忌み嫌うべき行い［忌むべき慣習］」とは、偶像礼拝とそれに付随する
様々な汚れた行いのことです。

7 エズラは、どのようなことを恐れていますか（14節）。

8 エズラは、神のどのようなご性質を心に留めながら祈っていますか
（6−15節）。

エズラ記 10:1−17、44

9 涙ながらに嘆き祈っていたエズラは、神の宮に集ってきた人々にどの
ような影響を与えましたか（1−4節）。

10 シェカンヤが民を代表して進み出、罪を認め、悔い改めを表す具体的
な方法を提案した時、エズラはどのように応答しましたか（2−6節）。

11 9−14節で記されている出来事を説明しましょう。どのようなこと
が起きていますか。

注）「第九の月」とは太陽暦で12月のことです。この時期は雨期でかなり冷え込む
こともあります。

12 改革はどのように実行されましたか（13−19節）。

注）一般のイスラエル人だけでなく、多くの祭司やレビ人までも、異国人［外国］
の女性と結婚していたことがわかります（18−43節）。

13 エズラの信仰と指導力によって、主へのささげ物を無事にエルサレムまで運び、一段落したところで、民の雑婚の問題が明るみに出ました (9−10章)。エズラはどのような姿勢でその問題に向きあいましたか。

14 神の戒めやきよさ、愛を知ることは、罪を自覚することにどのような影響を与えますか。

♣ 7課と8課をまとめましょう ♣

1 a. エズラに見られる優れた指導者の資質とはどのようなものですか。

   b. あなたがもし、人を指導する立場にあるとしたら、エズラのどのようなところを見ならいたいと思いますか。

2 エズラは、神の律法に精通し、神があがめられることを求めた人でした。そのことは、捕囚の地や帰還後の彼の生き方にどのように表れていましたか。

3 みことばから教えられて、あなたの生き方が変わった、あるいは変えようと取り組んでいることなどはありますか。分かち合いましょう。

4 60−61ページにある表に、エズラについて学んだことを書きとめましょう。

・むすび・

　エズラは、捕囚の地では書記官という地位を与えられて、ペルシアの王に仕えました。また、主の律法を調べ、従い、これを民に教えていました。ペルシアの王の信頼を得て、エズラは主の民の霊的回復のためにエルサレムへ向かいます。無事にエルサレムに到着して、再建された神殿で主へのささげ物を献げた後、彼は、帰還した民の不信仰を知りました。エルサレムへの帰還は、神の愛と憐れみによるものだと心に留めていたエズラは、民の不誠実な生き方に失望しました。しかし、彼らの罪を自分のこととして悔い改めるエズラの姿は、人々の心を動かして悔い改めを起こさせ、ユダの地に信仰の復興がもたらされることになったのです。

　14年後、エルサレムの城壁が完成し、ユダの総督ネヘミヤを中心にして民が集まった時、エズラは律法の書を朗読する者として選ばれました。また彼は、その後も律法を学ぶ者たちを教えていきました（ネヘミヤ記 8 章）。

・祈　り・

聖なる主よ、
あなたの恵みと憐れみを受けていながら、
誠実に歩むことの出来ない私たちをお赦しください。
私たちは、いつの間にかあなたのみこころから
遠く離れてしまいます。
どうか、この時代のあらゆる誘惑から私たちをお守りください。
あなたは、エズラを用いて主の民をきよめ、回復してくださいました。
あなたの変わらない救いの約束を感謝します。
エズラのように、私たちもあなたのみこころを求めて
誠実に歩むことが出来ますよう助けてください。

イエス・キリストの御名によって祈ります。アーメン。

9課

ネヘミヤ―城壁再建に取り組んだ総督 I

ネヘミヤ記 1、2、4章

エズラ記とネヘミヤ記は、もともとは一つの書物で、歴代誌第一・第二も含まれる大歴史書の中にありました。著者、編集者はエズラであっただろうと言われています。

ネヘミヤ記は大部分が第一人称で書かれているので、実質的な著者はネヘミヤだと思われます。それは、まるでネヘミヤが自分の働きを神に報告しているかのようです。

アルタクセルクセス王の第20年（前445年）に、ネヘミヤは、当時のペルシア帝国の首都スサを出て、エルサレムへ行くことが許されました。

ネヘミヤ記 1章

1 a. 当時、ネヘミヤはペルシア帝国の首都スサにいましたが、彼の関心と心配はどこに向けられていましたか（2節）。

b. 彼は、エルサレムの状況についてどのような報告を受けましたか。

c. その報告を聞いて、ネヘミヤはどのような反応をしましたか（4節）。

2 a. 祈りをもって神の前に出たネヘミヤは、神のどのようなご性質に訴えていますか。

b. ネヘミヤは、エルサレムにいるユダヤ人の境遇に自分を重ねて、どのような告白をしていますか（6-7節）。

c. ネヘミヤの抱く希望は何を根拠としていますか。

3 ネヘミヤは、その祈りの最後で何を求めていますか。

ネヘミヤ記 2章

4 献酌官という立場にあったネヘミヤは、直接王の前に出ることが許されていました。王がネヘミヤに質問した時、ネヘミヤはどのように答えましたか。

> 注) 献酌官の主な働きは、王が飲む酒が安全かどうか確かめるために、王の目の前で毒見をすることでした。そのためこの任務は責任が重く、信任を得た者の務めでした。ネヘミヤの様子次第では、王の機嫌を損ねて、謀反を疑われ処刑される危険もあったでしょう。

5 a. ネヘミヤは、短く祈ってから王に自分の願いを述べました。彼は王に何を願いましたか (5−8節)。

b. ネヘミヤは、王の寛大な取り計らいの背後に、何があると述べていますか (8b節)

6 ネヘミヤが王に依頼したことはとても具体的なことでした。彼は、自分がこれからしようとしていることをしっかりと見つめていたからこそ、具体的に王の助けを求めることが出来たのでしょう。あなたは今、信仰をもって取り組もうとしていることがありますか。そのために何を祈り求めるべきか具体的に見えていますか。

> 注) 2章1節と5章14節によると、この時にネヘミヤがユダ州の総督 [長官] に任命されました。ユーフラテス西方 [アバル・ナハラ州] と称されていたこの地域では (7課質問8の注を参照)、少し前に地方総督が反乱を起こしたため、王は、忠臣であるネヘミヤをユダ州の総督として立てることが得策と考えたのかもしれません。

7 エルサレムに着いたネヘミヤは、何をしましたか。なぜ、そのような手順を踏んだのだと思いますか（9−18節）。

8 ネヘミヤは、これからしようとしていることをユダヤ人にどのように伝えていますか（17−18節）。

9 サンバラテ［サンバラト］、トビヤ、ゲシェムは、エルサレムの城壁の再建に着手したユダヤ人たちを、どのような口実で訴えようとしていますか。

注）サンバラテはサマリア州の総督で、トビヤとゲシェムもその地域の役人でした。ネヘミヤの出現によって、彼らは、もはやユダ州を思うように支配できなくなってしまったのです。そのために、彼らは何とかネヘミヤを陥れようとしているのでしょう。

10 a. 反対する者からの攻撃に対して、ネヘミヤは毅然（きぜん）とした態度で対処しています（20節）。なぜそのように出来たのだと思いますか。

b. あなたは今、信仰者としてネヘミヤのように対処しなければならない問題を抱えていますか。

ネヘミヤ記 4章［3:33−4:17］

編集者注）この部分は、新改訳と共同訳では、節のふりかたが大きく異なっています。新改訳の4章1節が共同訳では3章33節になります。

11 a. 反対者たちは、今度はどのようなかたちで攻撃してきましたか。それを聞いたネヘミヤはどうしましたか（1−5節［3章33−37節］）。

b. もしあなたがこの場にいたら、どうすると思いますか。

12 城壁の修復がはかどっていることを聞いたサンバラテやトビヤ、また他の人々は、エルサレムに混乱をもたらそうと陰謀を企てました（7－8節［4章1－2節］）。これに対してネヘミヤと仲間たちは、どのように対応しましたか（9節［4章3節］）。

13 ネヘミヤは、弱気になっているユダの人々をどのように励ましましたか（13－14節［4章7－8節］）。

14 危機的状況に対処するために、ネヘミヤはどのような備えをしましたか。それは、どれほど徹底したものでしたか（13－23節［4章7－17節］）。

15 ユダの人々は、城壁の工事の最中に敵対する者からの攻撃もあり、困難に直面していました。ネヘミヤは、誰が誰のために戦うことを思い出させて激励していますか（14、20節［4章8、14節］）。

16 a. 総督であるネヘミヤは、この困難の中、どのような行動をとっていますか。

　　b. エルサレムの住人にとって、ネヘミヤの指導者としての姿はどのような意味があると思いますか。

17 a. ネヘミヤがあらゆる問題にどのように対処したかを思い出してみましょう。
　　あなたが今、直面している問題の解決に向けて、どのようなことをネヘミヤから学ぶことができますか。

　　b. 問題に直面しても、私たちが逃げずに向き合うことが出来るのはなぜですか。

18 60−61ページにある表に、ネヘミヤについて学んだことを書きとめましょう。

* 次の課の学びの前に、5−13章を通して読んでおきましょう。バビロンからの帰還者のリストや悔い改めて契約を守ることを約束した者たちのリストは、当時の状況を生き生きと伝えています。

・祈り・

主よ、
神の民の帰還を導かれた、あなたの御名をほめたたえます。
あなたは、ご自身の民をその約束のゆえに、
慈しんでお守りくださることを感謝します。
困難に直面する時、私たちもネヘミヤのように、
祈りの内に主に仕える者としてください。
私たちを通して働かれる、あなたのみわざによって、
私たちの家族や地域に、
そしてこの国に祝福が注がれていきますように。

イエス・キリストの御名によって祈ります。アーメン。

10課 ネヘミヤ—城壁再建に取り組んだ総督 Ⅱ

ネヘミヤ記 5章、6:1－7:3、10:28－39、13章

＊前回の学びでネヘミヤという人物について、どのようなことがわかりましたか。

ネヘミヤ記 5章

1　ユダヤ人たちの間にどのような問題がありましたか。有力者たちや代表者たち［貴族と役人］は、なぜ同胞の民から抗議を受けているのですか。

2　ネヘミヤは、この抗議の声を聞いてどのように応答しましたか（6－7節）。

3　a. ネヘミヤは、自分たちは何をしたと言っていますか（8節）。

　　b. 民を苦しめている有力者たちに対して、ネヘミヤはどのようにその罪を指摘していますか（8－9節）。

4　ネヘミヤを含めた神の民は、どのように歩むことが求められていますか。具体的にはどのように問題を解決しようとしていますか（9－11節）。

5　有力者たちは、同胞の民に貸していた物やその利子を持ち主に返すという約束をしました。ネヘミヤは、この誓いを必ず実行させるために、どのような表現をして訴えましたか。

6 a. ネヘミヤはユダの総督として12年間働きました。彼は、前任者たちとはどのような点で違っていましたか（14－18節）。

b. それはなぜですか。

7 a. マルコの福音書10章42－45節でイエスが弟子たちに教えていることと、総督ネヘミヤの姿勢を比べて、気が付くことはありますか。

b. ネヘミヤは、神を恐れながら生きることを教え、実践した人だと言えるでしょう。神を恐れながら生きるということは、あなたの生活の中では具体的にどのように表されていますか。

ネヘミヤ記 6:1－7:3

8 城壁の工事が最終段階に入ったころ、再建に反対する者たちは、新たな手口で働きかけてきます。ネヘミヤは、それに対してどのように対応していますか（1－14節）。

> 編集者注）ネヘミヤが訪ねたシェマヤ（10節）は祭司だったようです。神殿［聖所］には、祭司しか入ることが許されていませんでした。しかし、シェマヤは、暗殺者がくるからと言ってネヘミヤを神殿に入らせ、陥れようとしました。シェマヤは反対者たちに買収されていたのでしょう。

9 ネヘミヤが率いるイスラエルの民は、様々な妨害にあいながらも、ついに城壁は完成しました。反対する者たちに対してとったネヘミヤの態度や対応から、何を学ぶことが出来ますか。

ネヘミヤ記 10:28－39［10:29－40］

エルサレムの神殿と城壁が完成し、神の民として真の意味で再出発をするために、イスラエル人は神の律法に従って歩むことを誓いました

（9章38節 [10章1節]）。10章28−39節 [10章29−40節]には、結婚、安息日、神の宮 [神殿] での礼拝やささげ物について彼らが誓った具体的な内容が記されています。しかしそれにも関わらず、13章を見ると、ネヘミヤがエルサレムを離れ、留守にしていた間に、民はあらゆる点においてその誓いを破っていたことがわかります。エルサレムに戻ったネヘミヤは、民のその不従順を知り、それぞれに対応していきます。

ネヘミヤ記 13章

10 a. 民は誓ったことをどのように破っていましたか。すべて挙げましょう（トビヤについては2章10節参照）。

b. ネヘミヤは、それぞれにどのように対処しましたか。

❀ 9課と10課をまとめましょう ❀

1　ネヘミヤの生涯を思い出してみましょう。彼はどのような人でしたか。

2　a. ネヘミヤはどのような点で優れた指導者だと言えますか。

b. それらの中で、あなたが見ならいたいと思うことはありますか。

3　ネヘミヤは、様々な困難を乗り越えてエルサレムの城壁を再建に導き、民の不従順に向き合いながらも、律法に生きるよう改革を進めてきました。彼は自分の生涯を振り返った時、主をどのようなお方として捉えたと思いますか。

4　60−61ページにある表に、ネヘミヤについて学んだことを書きとめましょう。

・むすび・

　ネヘミヤは、神の民と都エルサレムに対して心を砕いた人のひとりです。彼は、あらゆる面において優れた指導者で、王や敵に対してひるむことなく、また問題のあった同胞に対しても正しく対処し精力的に働きました。民の問題を自分自身のこととして受け止め、総督としての権利を主張せず、神から与えられた使命を果たしていきました。

　ネヘミヤがしたことは、単にエルサレムの城壁再建を導いたということにとどまらず、神の民をひとつにし、敵に対する恐れを克服させ、民のうちにあった腐敗を取り除きました。自らが模範となり、訓戒を与えながら、主に信頼し、主を恐れ、主のおきてに従うよう民を導いたのです。

　バビロン捕囚によって、イスラエルは国として滅亡したかに見えましたが、神の憐れみによって神殿や町が再建され、エズラやネヘミヤは、律法を中心とした民のあり方の回復に貢献しました。この時からおよそ400年後にイエス・キリストがお生まれになったのです。

・祈　り・

主よ、
あなたは、天と地とその中にあるすべてのものを創造し、
今も、御手の内に保ってくださっています。
恵みと憐れみに満ち、怒るのに遅く、造られたものに
変わらない愛を注いでくださるあなたをほめたたえます。

あなたは、不従順であったイスラエルの民を見捨てずに憐れみ、
捕囚の地から連れ帰り、回復させてくださいました。
彼らにとって重要なあの時期に、
ネヘミヤのような指導者を起こしてくださったことを感謝します。

私たちもまた、あなたの豊かな憐れみを受けている者です。
あの時代にあなたに忠実に仕えたネヘミヤのように、
私たちもこの時代にあって、あなたに仕える者としてください。

イエス・キリストの御名によって祈ります。アーメン。

まとめ

　ここまで、ナアマン、ヨナ、ヨシヤ、ダニエル、エズラ、ネヘミヤの生涯を見てきました。この課では、60-61ページの表に書きとめたことを見ながら、以下の質問に答えていきましょう。

1　この手引で学んできた6人の歩みを、簡単に振り返りましょう。

2　彼らは、試練に直面した時、それぞれどのようなことを学びましたか。

3　ヤコブの手紙1章2-4節を読みましょう。ヤコブは、試練について何を教えていますか。

4　あなたがこれまでの人生で経験した試練とは、どのようなものでしたか。その経験を通して何を学びましたか。

5　この手引で学んできた6人のうちで、あなたにとって一番印象的だった人は誰ですか。それは、なぜですか。

6　a. この手引の学びを通して、神について、また神と人との関係について何を教えられましたか。

　　b. その中で、あなたがいま、特に教えられていることは何ですか。

・祈 り・

主よ、
私たちは、今も生きておられ、きよく、義なるあなたの御前に
出ております。

ナアマンが学んだへりくだる心を私たちにも教えてください。
ヨナに教えられたように、
あなたの愛と恵みの広さ、深さを教えてください。
ヨシヤのように、改革が必要なところを見極める信仰の目を
与えてください。
ダニエルのように、大きなチャレンジを前にした時でも、
勇気とビジョンをもって信仰に立つことが出来るよう助けてください。
エズラとネヘミヤがもっていた知恵と粘り強さを
私たちにも与えてください。

私たちの日々の歩みを通して、
あなたの御名があがめられますように。
旧約時代の聖徒たちの歩みが、
今も私たちの道しるべとなっているように、
私たちの生き方が、この時代、そして後の世代に
主のご真実を伝えるものでありますように。

イエス・キリストの御名によって祈ります。アーメン。

	家庭／家族背景	社会的地位	試　練
ナアマン			
ヨナ			
ヨシヤ			
ダニエル			
エズラ			
ネヘミヤ			

神がどのように関わられたか	試練から学んだこと

旧約聖書の聖徒たち 2　　　　　　　定価（本体600円＋税）

1990年 5月15日　初版発行
2014年 9月15日　改訂版発行
2020年 6月 1日　第2刷

著　　者　M. クンツ／C. シェル

翻訳編集　聖書を読む会

発　　行　聖書を読む会
　　　　　〒101-0062 東京都千代田区神田駿河台2-1　OCCビル内
　　　　　Website: http://syknet.jimdo.com

表紙デザイン　岩崎邦好デザイン事務所

印　　刷　(宗)ニューライフ・ミニストリーズ 新生宣教団